Anonym

# Das erziehungswissenschaftliche Orientierungspraktikum

**Praktikumsbericht**

GRIN Verlag

**Bibliografische Information der Deutschen Nationalbibliothek:**

Die Deutsche Bibliothek verzeichnet diese Publikation in der Deutschen National-
bibliografie; detaillierte bibliografische Daten sind im Internet über http://dnb.d-
nb.de/ abrufbar.

**Impressum:**

Copyright © 2010 GRIN Verlag GmbH
Druck und Bindung: Books on Demand GmbH, Norderstedt Germany
ISBN: 978-3-656-34878-8

**Dieses Buch bei GRIN:**

http://www.grin.com/de/e-book/205272/das-erziehungswissenschaftliche-orientie-
rungspraktikum

**GRIN - Your knowledge has value**

Der GRIN Verlag publiziert seit 1998 wissenschaftliche Arbeiten von Studenten, Hochschullehrern und anderen Akademikern als eBook und gedrucktes Buch. Die Verlagswebsite www.grin.com ist die ideale Plattform zur Veröffentlichung von Hausarbeiten, Abschlussarbeiten, wissenschaftlichen Aufsätzen, Dissertationen und Fachbüchern.

**Besuchen Sie uns im Internet:**

http://www.grin.com/

http://www.facebook.com/grincom

http://www.twitter.com/grin_com

# Praktikumsbericht des erziehungswissenschaftlichen Orientierungspraktikums

# Gliederung

# 1.    Überlegungen vor Praktikumsbeginn

In wenigen Tagen beginnt mein Orientierungspraktikum am XXX Gymnasium in X, welches ich im Zeitraum vom 14. Februar bis zum 11. März absolvieren werde.

Da es sich hierbei um mein erstes Praktikum in einer Schule handelt, verspüre ich zurzeit gleichzeitig Aufregung aber auch ein wenig Angst. Ich mache mir im Moment viele Gedanken, die mein bevorstehendes Praktikum betreffen. Fragen wie zum Beispiel: Wie reagieren die Schüler und Schülerinnen[1] auf mich? Wie reagieren die Lehrer und Lehrerinnen[2] auf mich? Sind sie freundlich zu mir oder eher genervt? Und wie wird es sein, selbst einmal Unterricht zu gestalten?

Diese und noch viele andere Fragen sind es, die mich zurzeit beschäftigen.

Weiterhin denke ich auch oft an meine eigenen Erfahrungen in der Schule zurück, welche sowohl positiv als auch negativ waren. Positiv ist mir ein teilweise spannender Unterricht sowie sympathische und gleichzeitig kompetente Lehrer im Gedächtnis geblieben. Aber ich habe auch negative Erfahrungen gemacht, die zudem stark dazu beigetragen haben, dass ich selbst den Beruf der Lehrerin gewählt habe. Ich fühlte mich in meiner eigenen Schulzeit teilweise ungerecht behandelt, der Unterricht war teilweise sehr unkreativ und eintönig gestaltet und es mangelte oft an guter Organisation. Dies sind Aspekte, die ich auch in meinem eigenen Praktikum betrachten möchte, um zu sehen, ob ich es aus einer neutraleren Position vielleicht ganz anders sehe.

Ich selber möchte meine Erfahrungen aber auch nutzen, um es als Lehrerin selber vielleicht besser machen zu können. Einige meiner Lehrer, dienen mir hier als positives aber auch negatives Vorbild.

Weiterhin freue ich mich sehr darauf, dass meine persönliche Vorstellung von Schule entweder bestätigt oder doch ins rechte Licht gerückt wird. Bisher bin ich persönlich eher der Ansicht, dass das deutsche Schulsystem eine individuelle Behandlung der SuS nicht zulässt und das auf den SuS durch unsere Gesellschaft ein hoher Leistungsdruck lastet. Dieser Leistungsdruck nimmt spätestens ab der 5.Klasse deutlich zu, sodass die SuS jeglichen Spaß am Lernen schnell verlieren. Dies zeigte zumindest meine persönliche Erfahrung.

---

[1] Anmerkung: Im weiteren Verlauf wird die Begrifflichkeit „Schülerinnen und Schüler" mit SuS abgekürzt.
[2] Anmerkung: Sofern es nicht ausschließlich wichtig ist, wird der vereinfachten Lesart halber die männliche Form „Lehrer" oder die neutrale Form „Lehrperson" verwendet, Lehrerinnen sind hierbei trotzdem berücksichtigt

Desweiteren ist für mich ein Ziel im Orientierungspraktikum herauszufinden, ob meine Wahl der Schulform und auch die gesamte Wahl des Berufs Lehrerin die richtige Entscheidung für mich war.

Auch bin ich gespannt, wie ich eine Unterrichtssituation als neutrale Beobachterin aber auch möglicherweise aus der Position des Lehrers empfinde.

Grund für meine Entscheidung für das XXX Gymnasium in X war vor allem die Nähe zu meinem Wohnort. Ein weiterer, entscheidender Grund hängt aber wiederum mit meiner eigenen Schulzeit zusammen. Viele meiner Mitschüler und –schülerinnen sind von meiner eigenen Schule auf das XXX Gymnasium gewechselt, weil meine Schule einen Ruf genoss, der besagte, dass es leichter ist, dass Abitur an anderen Schulen zu machen. Nun würde ich gerne herausfinden, ob die Unterschiede im Unterricht und Bewertungsmaßstab wirklich so gravierend sind, wie es in meiner Schulzeit geheißen hat.

Alles in allem bin ich doch sehr gespannt und positiv gestimmt im Hinblick auf mein bevorstehendes Praktikum.


## 2. Rahmenbedingungen des Praktikums

### 2.1 Standort und Gebäudegestaltung

Das XXX Gymnasium liegt landschaftlich sehr schön aber trotzdem sehr zentral nah an der Innenstadt und dem Bahnhof in X. In unmittelbarer Nähe befinden sich ein weiteres Gymnasium, eine Berufsschule, eine Grundschule und ein großes Schwimmbad. Mit öffentlichen Verkehrsmitteln ist das XXX Gymnasium vor allem aus umliegenden Dörfern dank zahlreicher Schulbusse sehr gut zu erreichen. Zudem sind ausreichen Parkmöglichkeiten vorhanden, der Bahnhof ist zu Fuß innerhalb von ca. 20 Minuten zu erreichen.

Die Klassenräume sind mit relativ neuem Mobiliar ausgestattet. Für jeden Schüler ist ein einzelner Tisch vorhanden, die sich dadurch auch flexibler im Raum verteilen lassen und den SuS mehr Arbeitsraum bieten. Weiterhin sind in jedem Klassenraum eine Tafel sowie ein Overheadprojektor vorhanden. Die Möglichkeit, Beamer auszuleihen ist ebenfalls gegeben.

Praktisch sind die Regale, die in den Klassenräumen vorhanden sind. Sie enthalten für jeden SuS ein Fach, in dem jeder SuS seine Bücher aufbewahren kann. Weiterhin sind die meisten Klassenräume mit verschiedenen informativen aber auch kreativen Plakaten und ähnlichem gestaltet.

Außerhalb der Klassenräume befinden sich einige Sitzecken, in die die SuS sich zu Gruppenarbeiten und ähnlichem zurückziehen können. Weiterhin gibt es eine große Pausenhalle sowie einen großen Pausenhof mit Sitzmöglichkeiten aber auch diversen Spielmöglichkeiten für die jüngeren SuS. Weiterhin gibt es verschiedene Freizeitbereiche, in denen unter anderem Billard und Tischfußball angeboten wird. Es gibt auch ein Internet-Cafe, in dem die SuS im Internet recherchieren und surfen können.

Desweiteren gibt es neben den Klassenräumen auch fachspezifische Räume, die der Durchführung von Unterricht in den Fächern Kunst, Musik, Physik und Chemie dienen.

Da es sich beim XXX Gymnasium um eine Ganztagsschule handelt, gibt es neben einer Cafeteria eine Mensa, in der die SuS die Möglichkeit haben, mittags etwas Warmes Essen zu können.

## 2.2 Schulform

Das XXX Gymnasium ist seit etwa 27 Jahren eine Ganztagsschule. Der Unterricht findet größtenteils in Doppelstunden von 90 Minuten statt.

Es befindet sich in direkter Konkurrenz zum nahe gelegenen Ratsgymnasium.

## 2.3 Zustand und Bauweise des Gebäudes

Seit 2002 ist Oberstudiendirektor Heiko Knechtel Leiter des XXX Gymnasiums. Seitdem wird das gesamte Schulgebäude umgebaut und erweitert. Dadurch befinden sich schon einige Teile der Schule, zum Beispiel der Bereich der Verwaltung aber auch die Cafeteria sowie die Pausenhalle in einem sehr guten, neuen Zustand und sind sehr schön gestaltet. Ältere Gebäudeteile weisen deutliche Gebrauchsspuren auf, sind aber nicht beschädigt oder ähnliches. Auch sie sollen noch in den nächsten Jahren renoviert werden.

## 2.4 Zusammensetzung des Kollegiums

Das Kollegium des XXX Gymnasiums besteht aus 117 Lehrern und Lehrerinnen und 11 Referendaren. Das Durchschnittsalter beträgt 42 Jahre.[3] Alles in allem ist es ein sehr junges Kollegium.

---

[3] Vgl.: http://www.XXX-gymnasium.de/daswbg/index.htm (19.2.2011, 18.46 Uhr)

## 2.5    Internationale Kontakte

Das XXX Gymnasium hält viele Kontakte zu Schulen in der ganzen Welt aufrecht. So werden zum Beispiel Schüleraustausche nach Tschechien, Finnland, Frankreich, und Ungarn sowie in die Schweiz angeboten. Außerdem gibt es Projekte in Barcelona, London und in den USA.[4]

## 2.6    Außerunterrichtliche Aktivitäten

Am XXX Gymnasium wird eine Vielfalt von Arbeitsgemeinschaften angeboten. Diese kann abhängig vom Kollegium auch noch erweitert werden. So gab es zeitweise eine Golf-AG. Zurzeit gibt es am XXX Gymnasium verschiedene Sport-orientierte Arbeitsgemeinschaften, wie zum Beispiel die Badminton-AG oder auch die Kampfsport-AG. Weiterhin gibt es eine Amateurfunk-AG, eine Theater-AG und eine Internet-AG.

Auf der sogenannten Bandnight haben Musikband des XXX Gymnasiums einmal jährlich die Möglichkeit, sich vor großem Publikum vorzustellen. [5]

## 3.    Praktikumstagebuch

Im Folgenden werde ich 6 Unterrichtsstunden von jeweils 90 Minuten Dauer aus meiner subjektiven Sicht schildern.

## 3.1    Deutschunterricht in Klasse 12/13

Zu Beginn meines Praktikums begleitete ich Frau L.[6] in einen Deutschkurs, der aus SuS der 12. und 13. Klasse zusammengesetzt ist. Die SuS werden in Deutsch ihre Abiturprüfung auf grundlegendem Niveau beziehungsweise ihre mündliche Prüfung ablegen. Thema der Doppelstunde, in der ich anwesend war, war Lyrik. Speziell die Gedichte Zwielicht von Joseph von Eichendorff und Die Dämmerung von Alfred Liechtenstein.

Zu Beginn der Stunde waren die SuS sehr unruhig, einige schienen auch noch müde zu sein. Dies lag wahrscheinlich daran, dass es die erste Stunde an einem Montag war. Zu Beginn der Stunde klärte Frau L. allgemeine Dinge den Unterricht betreffend. Besonders positiv fiel mir dabei ihre Art auf, mündliche Noten zu verteilen. Die SuS bekamen von der Lehrerin einen Zettel, auf dem sie ihre eigene Einschätzung der

---

[4] Vgl.: Ebd.
[5] Vgl.: http://www.XXX-gymnasium.de/daswbg/index.htm (19.2.2011, 19.02 Uhr)
[6] Anmerkung: Im Folgenden werden die Namen von Lehrpersonen und SuS anonymisiert.

mündlichen Note notieren konnten. Frau L. sammelte diese Zettel ein um in der nächsten Stunde eine Rückmeldung dazu zu geben und die mündliche Noten mit den SuS einzeln besprechen. Dadurch vermeidete Frau L. die sonst übliche Besprechung der Noten im Plenum.

Allgemein fiel mir in dem Kurs auf, dass es einen großen Anteil männlicher Schüler gibt. Zudem erklärte mir Frau L. nach der Stunde, dass einige SuS hinsichtlich des Abiturs bereits resigniert hätten, während andere noch versuchten, soviel wie möglich zu lernen. Damit bestätigte sie auch meinen persönlichen Eindruck von dem Kurs.

Als Frau L. dann mit dem eigentlichen Unterricht begann, war der Kurs weiterhin etwas unruhig, die Lehrerin reagierte aber kaum darauf und zog weiterhin ihren Unterricht durch. Frau L. stellte zu erst einmal vor, was in den folgenden Stunden passieren soll. Die SuS sollen eine vergleichende Analyse und Interpretation der beiden motivverwandten Gedichte Zwielicht und Die Dämmerung durchführen. Dazu teilte Frau L. den Kurs in zwei Gruppen ein. Jede der Gruppen sollte sich zuerst einmal in Einzelarbeit mit einem der beiden Gedichte beschäftigen. Um die Arbeit zu erleichtern, wurden erst einmal in einem Klassengespräch Kriterien festgehalten, nach denen die SuS die Gedichte analysieren sollten. Eventuell auftretende Fragen wurden zudem auch geklärt. Während dieser Phase des Unterrichts fiel mir beim Schülerverhalten auf, dass die SuS schnell unruhig wurden, sobald niemand sprach. Redete die Lehrerin oder ein Schüler oder eine Schülerin wurde es zwar ruhiger, aber es war in meinen Augen nicht wirklich leise. Nur wenige SuS beteiligten sich regelmäßig, andere waren u.a. mit ihrem Handy oder ähnlichem beschäftigt. Hierbei handelte es sich meiner Meinung nach um die SuS, die bereits resigniert hatten. Mir persönlich kam es während des Klassengesprächs auch so vor, als würde der Unterricht nur mit einigen wenigen SuS ablaufen, die auch wirklich noch was lernen wollten. Unaufmerksame SuS wurden aber auch nicht von Frau L. ermahnt. Es schien mir so, dass auch sie schon resigniert hatte, die betroffenen SuS noch motivieren zu können.

Die nächste Phase des Unterrichts war eine Einzelarbeitsphase. Die SuS erledigten mehr oder weniger still ihre Aufgaben. Soweit ich das mitkriegen konnte, gab es viele private Nebengespräche. Nach dem Frau L. die SuS erneut zur Arbeit aufforderte, fingen die SuS an zu arbeiten. Trotzdem gab es einige, diesmal aber themenorientierte, Nebengespräche.

Als die Lehrerin die Klasse verließ, um Folien für den Over-Head Projektor zu organisieren, fühlte ich mich einer Zwickmühle.

Da es meine allererste Stunde meines Praktikums war, hatte ich vorher mit der Lehrerin nicht besprochen, wie ich mich in einem solchen Falle verhalten sollte. Die SuS wurden natürlich schlagartig lauter, sobald die Lehrerin die Tür geschlossen hatte. Ich persönlich war mir nicht sicher, ob ich sagen sollte, dass die SuS ruhiger werden sollen, auch weil ich sah, dass einige SuS arbeiten wollten, oder ob ich einfach weiterhin als stiller Beobachter fungieren sollte. Mein Problem war hier auch der geringe Altersunterschied zwischen mir und den SuS der mich in dem Moment etwas hemmte und mich ruhig bleiben ließ. Als die Lehrerin nach kurzer Zeit wiederkam, wurde es aber auch wieder schlagartig stiller. Nach dem Unterricht meinte Sie zu mir, dass mein Handeln wohl so in Ordnung gewesen wäre, da auch nicht klar war, wie die SuS auf mich reagiert hätten.

Nachdem die SuS nun ihre Aufgabe erledigt hatten, ging es an das Besprechen der Ergebnisse. Im weiteren Verlauf der Stunde wurden die Ergebnisse der Gruppenarbeiten, teilweise auf Folien festgehalten, innerhalb des Kurses besprochen. Hierbei fiel mir auf, dass die SuS ruhig wurden, wenn andere SuS etwas zum Unterricht beitrugen. Was mir weiterhin positiv auffiel, war, dass die Lehrerin auf die Beiträge der SuS einging, ggf. noch einmal nachfragte oder etwas ausführte. Auch auftretende Rückfragen der SuS wurden sachlich und informativ beantwortet, ohne die SuS durch Kommentare bloßzustellen.

Der Grund, warum mir dies positiv aufgefallen ist, ist, dass es in meiner eigenen Schulzeit leider nicht immer selbstverständlich war. Ich persönlich hatte einige Lehrer, die sich gern mal über falsche Antworten oder „dumme", wie sie es nannten, Fragen lustig machten. Selbige Lehrer gingen auch sehr wenig auf Schülerbeiträge ein sondern nahmen nur nacheinander alle sich meldenden SuS dran um schnell mit dem Unterricht fortfahren zu können.

Nachdem nun die Ergebnisse besprochen waren, wies Frau L. noch einmal auf eine mögliche Klausuraufgabe der Art hin und beendete damit die Stunde.

Abschließend kann ich sagen, dass ich Unterrichtsstil von Frau L. als sehr angenehm empfand, auch weil der Unterricht sehr Schülerzentriert war, und nicht, wie ich es selbst in meinem Deutschunterricht der Oberstufe erfahren musste, eher Lehrerzentriert. Vergleiche ich aber das Schülerverhalten mit dem meiner Mitschüler in meinem damaligen Deutschkurs auf erhöhten Niveau in der 12. und 13.Klasse so fallen mir einige Parallelen aber auch einige Unterschiede auf. Auch in meinem Kurs gab es einige, wenn auch deutlich weniger, SuS, deren Motivation eher gering war. Ein Großteil meines Kurses war eher lernwillig. Dies liegt denke ich auch daran, dass in meinem Kurs alle Deutsch als Prüfungsfach auf erhöhtem Niveau, die auch mit deutlich größerem Anteil in die Abiturnote eingingen. Anders ist dies nun in diesem 12er Kurs, den ich besuchte. Die SuS haben Deutsch wenn überhaupt als viertes Prüfungsfach, also als Prüfung auf grundlegendem Niveau. Andere SuS hatten mit ihrem Abitur leider schon abgeschlossen und waren dementsprechend demotiviert. Natürlich gab es auch in meinem Kurs SuS die sich weniger beteiligten, dies lag meiner Meinung nach aber auch mit an meinem damaligen Lehrer, der deutliche Lieblingsschüler hatte. Dies fiel mir bei Frau L. nicht so deutlich auf. Alles in allem kann ich sagen, dass ich, verglichen mit meiner eigenen Schulzeit, einen Unterricht, wie ich ihn bei Frau L. beobachten konnte, meinem damaligen Deutschunterricht der Oberstufe vorziehen würde.

## 3.2   Religionsunterricht in Klasse 5

Da ich in den ersten Tagen meines Praktikums nur Oberstufenklassen besucht hatte, war ich sehr gespannt auf meinen ersten Besuch einer 5. Klasse. Ich begleitete Frau B. an einem Mittwoch in der ersten Doppelstunde. Thema der Stunde waren die Unterschiede zwischen katholischen und evangelischen Christen. Nachdem Frau B. allgemeine Dinge mit der Klasse geklärt hatte, machte sie zuerst eine Entspannungsübung.

Die SuS sollten sich gemütlich hinsetzen und die Augen schließen. Frau B. sprach nun sehr leise, löschte das Licht und begann, die SuS durch sanfte Worte zur Ruhe zu bringen. Sie erklärte den SuS, dass sie, wenn sie aufgerufen werden, kurz hochblicken sollten um zeigen, dass sie ihren Namen gehört hatten. Es wurde sehr leise in der Klasse und Frau B. sprach nacheinander alle SuS der Klasse an, diese schauten kurz hoch und legten danach den Kopf wieder auf den Tisch. Als die Übung beendet war, spürte ich, dass die Klasse deutlich ruhiger geworden war und sich nun besser konzentrieren konnte.

Im weiteren Verlauf des Unterrichts verteilte Frau B. ein Arbeitsblatt mit den Ergebnissen der letzten Stunden ebenfalls zu oben genanntem Thema. Beim Verhalten der SuS fiel mir auf, dass grundsätzlich eine gewisse Unruhe herrschte. Ein besonders auffälliger Schüler saß bereits an einem einzelnen Platz in der letzten

Reihe, trotzdem animierte er die in der Nähe sitzenden SuS zur Unruhe. Weiterhin fiel mir auf, dass die SuS auf alles, was gesagt oder getan wurde, lautstark reagierten. Nachdem die SuS nun die Arbeitsblätter erhalten hatten, sollten sie den Text durchlesen und eventuell auftretende Fragen nach dem Lesen stellen. Hierbei fiel mir auf, dass die SuS sehr lernwillig waren, fast alle SuS beteiligten sich begeistert am Unterricht, stellten Fragen und beantworteten die Fragen der anderen SuS. Wurde es in der Klasse zu laut, machte Frau B. eine kurze Sprechpause und wartete bis es wieder ruhiger wurde. Mir fiel auf, dass die SuS sehr ordentlich Hefte führten, in die die Arbeitsblätter sofort eingeklebt und ins Inhaltsverzeichnis eingetragen wurden. Dafür sorgte unter anderem auch Frau B., die die SuS darauf hin wies, ihre Hefte ordentlich zu führen.

Nachdem nun die Arbeitsblätter eingeklebt worden waren, sollten die Kinder sich einen Partner suchen um zusammen Arbeitsblatt zu bearbeiten. Frau B. erklärte zuerst die Aufgabe sehr ausführlich und ging auf eventuelle Fragen ein. Dann erst verteilte sie das neue Arbeitsblatt. Dieses Arbeitsblatt beinhaltete ein Puzzle aus Teilen des Glaubensbekenntnisses, dass die SuS in die richtige Reihenfolge bringen sollten. Nachdem sie das Puzzle gelöst hatten, sollten sie ihre Lösung selbstständig im Buch überprüfen und ggf. korrigieren. Danach sollten die SuS die richtige Lösung in ihr Heft kleben. Positiv fiel mir hierbei auf, mit welcher Begeisterung die SuS hier bei der Arbeit waren. Sie kommunizierten viel untereinander, stellten aber auch einige Fragen an Frau B.

Im weiteren Verlauf der Arbeitsphase schrieb Frau B. weitere Aufgaben an die Tafel, die die SuS, die bereits fertig waren, bearbeiten sollten. Deutlich fielen mir die Unterschiede im Arbeitstempo der SuS auf. Die zusätzlichen Aufgaben verhinderten aber, dass es zu Langeweile und Unruhe unter den SuS kam, die bereits das Puzzle fertig hatten.

Die Aufgabe für SuS, die die anderen Aufgaben bereits beendigt hatten, bestand aus einem Arbeitsblatt, welches ein sogenanntes Suchsel enthielt. Auch hier waren die SuS mit großer Begeisterung bei der Sache. Generell geben sie sich sehr viel Mühe bei ihren Aufgaben, versuchen alles ordentlich zu machen und vor allem richtig.

Nachdem alle SuS das Glaubensbekenntnis-Puzzle fertig gelöst hatten, sollte ein Schüler die Lösung vorlesen. Danach kam es zu einer Szene, die für mich sehr bedeutend und inhaltlich spannend war. Eine Schülerin meldete sich und fragte, wie die Jungfrau Maria schwanger gewesen sein konnte. Ich persönlich fand diese Frage sehr schwierig zu beantworten, vor allem da man in einer 5. Klasse noch nicht davon ausgehen kann, dass alle SuS auf dem gleichen Stand hinsichtlich der Aufklärung und Sexualität sind. Meiner Meinung nach beantwortete Frau B. die Frage aber sehr souverän. Sie erklärte, dass zwar biologisch nicht möglich wäre, als Jungfrau schwanger zu sein, es sich hier aber um eine Glaubensfrage handle. Frau B. wechselte aber auch sehr schnell das Thema, was für mich sehr verständlich war. Auch mir war die Situation etwas unangenehm.

Nachdem Frau B. nun die Hausarbeit erläutert hatte, das Bearbeiten des „Suchsels", schloss sie die Stunde.

Mit meiner eigenen Schulzeit kann ich diese Stunde leider nicht vergleichen, da meine Zeit in der 5. Klasse doch schon sehr lange her ist. Da ich aber in der 12. Klasse während eines Projektes in Religion eine 5. Klasse eine Stunde lang betreut habe, versuche ich hier meine Erlebnisse während des Praktikums mit meinen Erfahrungen aus meiner Schulzeit zu vergleichen. Auch als ich damals die 5. Klasse betreut habe, waren sie sehr begeistert, aber auch ein wilder Haufen, der durch die Kirche, die wir besuchten, rannte und turnte. Als „wilder Haufen" würde ich auch die 5. Klasse bezeichnen, die ich mit Frau B. besuchen konnte. Trotzdem war es, wie auch damals in meiner Schule, ein sympathischer „wilder Haufen". Ich empfand in beiden Fällen die SuS als sehr wissbegierig, was mich sehr erfreute. Alles in allem kann ich nach dieser Doppelstunde in der 5. Klasse sagen, dass ich mich sehr darauf freue, in solch einer Klasse selber einmal zu unterrichten.

### 3.3    Deutschunterricht in Klasse 6

Am Montag, den 21.2.2011 begleitete ich Herrn K. in eine 6. Klasse. Da die SuS am nächsten Tag ein Diktat schreiben sollte, wollte Herr K. an diesem Tag ein Übungsdiktat schreiben.

Da das Schülerverhalten ähnlich dem der SuS der  oben beschriebenen 5. Klasse war, werde ich hier nicht noch einmal explizit darauf eingehen sondern mein Hauptaugenmerk auf die Art des Unterrichtens von Herrn K. legen, da mich diese sehr beeindruckt hat:

Nach einer kurzen Begrüßung fragte Herr K. die SuS, wie sie für das anstehende Diktat geübt hätten. Einige SuS haben mithilfe ihrer Eltern geübt, andere haben sich Übungstexte laut vorgelesen, wieder andere haben sich noch einmal die gelernten

Rechtschreibregeln sowie die Regeln zur Kommasetzung angeschaut. Mir fiel auf, dass es in der Klasse einige SuS mit Migrationshintergrund bzw. mit Eltern mit Migrationshintergrund gibt, dies bestätigte mir auch Herr nach der Stunde. Besonders diese SuS fragte Herr K., wie sie geübt hatten. Hier fiel mir auf, dass diese SuS kaum mit ihren Eltern gelernt hatten. Herr K. gab daraufhin der gesamten Klasse Tipps, wie man am besten alleine für ein solches Diktat lernen kann. Dies fand ich persönlich sehr gut, da es sicher einige SuS gibt, deren Eltern keine Möglichkeit haben, täglich mit ihren Kindern zu üben.

Nachdem Herr K. dies also geklärt hatte, stellte Herr K. einige Fragen zum Thema Nebensätze und Kommasetzung, da dies im anstehenden Diktat behandelt werden sollte. Die SuS zeigten eine rege Beteiligung, da sie sicher auch schon gelernt hatten.

Nachdem die Regeln noch einmal geklärt wurden, stand ein Übungsdiktat an. Zuerst erklärte Herr K. sehr detailliert, wie das Übungsdiktat ablaufen würde. Zuerst wolle er den Text einmal vorlesen, hier sollten die SuS noch nicht mitschreiben. Danach würde er den Text Satz für Satz vorlesen, damit die SuS mitschreiben konnten. Abschließend würde er den Text noch einmal vorlesen. Die Korrektur des Übungsdiktats sollte danach der jeweilige Nachbar der SuS machen. Um den Ehrgeiz der SuS zu fordern, erklärte Herr K., die SuS, die einen Fehler bei der Korrektur übersehen würden, müssen 10 Cent in die Klassenkasse zahlen. Natürlich war dies nicht ernst gemeint, aber der Ehrgeiz der SuS war geweckt.

Nach der Erklärung folgte also das Diktat. Danach korrigierten die SuS den Text ihres Nachbarn und gaben sich hierbei sehr viel Mühe. Der Lösungstext war hierbei auf einer Overheadprojektor-Folie sichtbar.

Nachdem nun die SuS die Diktate korrigiert hatten, klärte Herr K. mit ihnen sehr ausführlich Fehler, die viele SuS gemacht hatten und gab gleichzeitig Tipps, wie man solche Fehler vermeiden kann. Daraufhin sollten die SuS eine Berichtigung anfertigen. Nachdem die SuS ihre Berichtigungen beendet hatten, schloss Herr K. die Stunde.

Was ich als sehr positiv empfunden hatte, war die Art und Weise, wie die SuS ihre Diktate und Aufsätze berichtigten. Ich persönlich musste in meiner Schulzeit als Berichtigung die Wörter und Satzteile, in denen ich Fehler gemacht hatte, dreimal richtig aufschreiben. Dies galt dann in meinem Fall als berichtigt. Ich persönlich finde, dass mir diese Art der Berichtigung nicht weitergeholfen hat. Ich muss zugeben, dass ich einige Regel, wie zum Beispiel, wann ich „dass" mit doppeltem „-s" schreibe, und wann nicht, bis zu meinem Abitur noch nicht ganz verstanden hatte und oft in freien Texten Fehler machte. Im Nachhinein denke ich, dass es mitunter daran liegt, dass mir nie klar wurde, was ich in Klassenarbeiten eigentlich falsch gemacht hatte.

Aus diesem Grund fand ich die Art der Berichtigung, die Herr K. anwendete, sehr gut und werde sie wahrscheinlich im meiner eigenen Tätigkeit als Lehrerin ebenso anwenden.

Statt die SuS einfach nur das Wort korrigieren zu lassen, ging er mit ihnen soweit möglich die Regeln durch. Die SuS schrieben in ihrer Berichtigung den Satz auf, in dem sie den Fehler gemacht hatten. Weiterhin ergänzten sie die passende Regel oder einen kurzen Satz dazu, wie sie es besser machen könnten und ggf. auch selbst überprüfen könnten.

Ich persönlich hatte so das Gefühl, dass die SuS dadurch verstanden, was sie falsch gemacht hatten und auch gleichzeitig lernten, wie sie die Art des Fehlers beim nächsten Mal vermeiden könnten.

Weiterhin fiel mir bei Herrn K. auf, dass er den SuS sehr viel zusprach und sie sehr viel lobte. Auch wenn ein Schüler oder eine Schülerin etwas Falsches sagte, kritisierte er sie oder ihn nicht deshalb sondern blieb weiterhin positiv eingestellt gegenüber den SuS.

Alles in allem fand ich die Doppelstunde bei Herrn K. und seinen Umgang mit den SuS sehr beeindruckend. Für mich persönlich nehme ich nur positives aus diesen Stunden mit.

### 3.4    Deutschunterricht in Klasse 8

An einem Dienstag besuchte ich eine 8. Klasse, die bei Frau Z. Deutschunterricht hatte. Die Klasse las gerade im Deutschunterricht das Buch „Löcher" von Louis Sachar. In der vorangegangen Stunde hatten die SuS bestimmte Textstellen bearbeitet, die jetzt noch einmal laut vorgelesen wurden. In der Klasse war es etwas unruhig da einige SuS noch in ihren Taschen kramten. Nachdem die SuS nun die Textstellen noch einmal in Erinnerung gerufen hatten, erklärte Frau Z. die Aufgabe. Die SuS sollten in Partnerarbeit über das Befinden des Hauptcharakters in der gelesenen Textstelle diskutieren. Danach sollten sie in Einzelarbeit einen Text schreiben, die Fragestellung bezog ich ebenfalls auf das Befinden des Hauptcharakters namens Stanley.

Mir fiel auf, dass Frau Z. sehr genaue Zeitangaben machte, die sie an die Tafel schrieb. In der Klasse kamen noch einige Rückfragen, sonst wurde aber sehr konzentriert gearbeitet. Bei der Partnerarbeit war es natürlich etwas unruhiger. Da die SuS laut Angaben von Frau Z. noch nie einen solchen Text schreiben mussten, bei dem sie sich in einen Charakter hinein versetzen mussten, fiel es einigen SuS etwas schwieriger, mit der Aufgabe umzugehen. Nachdem die für die Aufgabe angesetzte Zeit um war, fragte Frau Z. zuerst einmal nach den Erfahrungen, die die SuS bei der Aufgabe gemacht hatten. Nachdem die SuS nun ihre sowohl positiven als auch negativen Erfahrungen berichtet hatten, lasen einige SuS nun ihre Texte vor. Hierbei fiel mir auf, dass Frau Z. wenig darauf einging, sondern die SuS nur kurz lobte.

Im weiteren Verlauf der Stunde stellte Frau Z. die Frage, wie der Autor in den gelesenen Textstellen die Spannung steigerte. Im Klassengespräch wurden hierbei die Zusammenhänge der verschiedenen Vorgeschichten mit der Hauptgeschichte in einem Tafelbild dargestellt. Nachdem dieses Tafelbild fertiggestellt war, schloss Frau Z. die Stunde.

Insgesamt fiel mir bei den SuS auf, wie unterschiedlich weit entwickelt sie waren. Einige waren bereits mitten in der Pubertät während andere SuS noch eher kindlich waren. Dies äußerste sich auch im Verhalten der SuS, dass doch sehr unterschiedlich war. Einige SuS waren eher frech und auffällig, während andere eher schüchtern und still waren.

Da ich die Klasse später auch selber unterrichten sollte, besuchte ich sie auch in Religion. Hierbei fiel mir auf, dass die Klasse bei Frau Z. sehr ruhig und konzentriert arbeitet, was sicher an der Autorität von Frau Z. liegt. Sollten die SuS dennoch mal lauter werden, griff Frau Z. sofort durch und es wurde schnell wieder ruhig. Wie sich die Klasse bei Frau M. in Religion verhielt, werde ich im Folgenden berichten.

## 3.5    Religionsunterricht in Klasse 8

Am einem Donnerstag begleitete ich Frau M. im Religionsunterricht der 8.Klasse, die ich bereits in Deutsch besucht hatte. Hierbei fielen mir im Schülerverhalten einige große Unterschiede auf, auf die ich später noch eingehen werde.

Nach einer kurzen Begrüßung sowie der Besprechung von einigen Formalien, begann Frau M. mit dem inhaltlichen Teil. Sie stellte der Klasse die Frage, was ein Prophet sei. Die SuS beteiligten sich sehr gut, trotzdem fiel mir eine gewisse Unruhe auf. Frau M. ging auf jede Antwort der SuS sehr ausführlich ein und stellte ggf. auch noch einmal Rückfragen. Nachdem nun ein kurzer Rückblick auf die letzten Stunden geschaffen wurde, verteilte Frau M. ein Arbeitsblatt. Dies beinhaltete eine Stellenanzeige für den Beruf des Propheten. Frau M. erläuterte die Aufgaben, die sich auch auf dem Arbeitsblatt befanden. Die SuS sollten das Arbeitsblatt in Einzelarbeit bearbeiten. Trotzdem gab es viele nicht immer themenzentrierte Nebengespräche. Frau M. ignorierte die aufkommende Unruhe erst einmal völlig, was mich doch sehr wunderte, da es trotz angesetzter Einzelarbeit sehr unruhig war. Aufforderungen zu mehr Ruhe waren eher halbherzig und wirkten genervt. Dies schien mir auch der Grund, warum die SuS darauf kaum reagierten.

Weiterhin fiel mir auf, dass Frau M. schnell vom Thema abwich. Als eine Schülerin eine Begriffsfrage stelle, schweifte Frau M. ab und erzählte etwa 5 Minuten etwas, was nicht zum eigentlichen Thema der Stunde gehörte. Dadurch waren auch die SuS sehr abgelenkt.

Die Ergebnissicherung fand an der Tafel im Klassengespräch statt, auch hier herrschte eine gewisse Unruhe. Im Verhalten von Frau M. fiel mir auf, dass sie Fragen der SuS an die Klasse weiterleitete und die Lösungen nicht vorgab sondern den SuS Hilfestellung leistete, dass sie selber die Lösung finden konnten.

Nachdem nun die Ergebnisse an der Tafel gesammelt waren und die SuS diese notiert hatten erläuterte Frau M. das weitere Vorgehen. Die SuS sollten nun den Text auf dem Arbeitsblatt lesen und danach einen Lückentext ausfüllen. Dies sollte ebenfalls in Einzelarbeit geschehen. Auch hier fiel mir die Unruhe der SuS auf. Weiterhin waren den SuS viele im Text vorkommende Begriffe unklar. Als die SuS die Aufgabe bearbeitet hatten, sollten sie die Sätze des Lückentextes nacheinander vorlesen. Frau M. kommentierte die Lösungen der SuS nicht mehr weiter, da sie richtig waren. Die nächste Aufgabe bestand darin, verschiedene Bibelstellen zu lesen und hierbei das Verhältnis Gottes zu den Propheten in Partnerarbeit zu erarbeiten. Um die Aufgabe machen zu können, mussten sich die SuS die Bibeln erst holen. Dadurch kam es zu einem ziemlichen Chaos im Klassenraum, weshalb es etwas dauerte, bis die SuS wieder konzentriert arbeiteten. Zum Schluss der Stunde hielt Frau M. die Ergebnisse an der Tafel fest.

Vergleiche ich nun das Schülerverhalten der 8.Klasse bei Frau Z. mit dem bei Frau M., fallen mir große Unterschiede auf. Während Frau Z. durch ihr Auftreten und ihre Art des Unterrichtens sowie durch ihren respektvollen Umgang mit den SuS ein eher ruhiges Verhalten herbeiführt, wirkt Frau M. schnell von den SuS genervt und behandelt sie eher herablassend. Ich hatte das Gefühl, dass dies mitunter der Grund für das eher unruhige Verhalten der SuS bei Frau M. war. Aus diesem Grund war ich auch gespannt darauf, wie die SuS auf mich reagieren würde, da ich in dieser Klasse auch selber einmal eine Stunde unterrichten sollte.

### 3.6    Religionsunterricht in Klasse 12/13

Am Donnerstag den 10.3.2011 begleitete ich Frau M. in ihren Religionskurs der 12 und 13 Klasse. Es handelte sich hierbei um einen sehr kleinen Kurs, der nur aus 12 SuS bestand. Alles Schüler und Schülerinnen standen kurz vorm Abitur, Religion war für den größten Teil das mündliche Prüfungsfach, nur ein Schüler wollte eine schriftliche Abiturprüfung in diesem Kurs ablegen.

Zu Beginn der Stunde fragte Frau M. nach den Empfindungen der SuS während ihrer Klausur, die in der letzten Stunde geschrieben wurde. Hierbei fiel mir auf, dass Frau M. viele Hinweise und Tipps zur mündlichen und schriftlichen Abiturprüfung gab.

Nach der kurzen Besprechung der Klausur sollte der Stoff der 11/12. Klasse wiederholt werden, speziell der Tun-Ergehens-Zusammenhang, da dies auch Thema im Abitur sein würde.

Zuerst wurden allgemeine Informationen im Klassengespräch wiederholt, daraufhin verteilte Frau M. ein Arbeitsblatt, welches einen Überblick über das Buch Hiob der Bibel enthielt. Die SuS sollten aus einigen, kurzen Textstellen in Einzelarbeit Aspekte de Tun-Ergehens-Zusammenhang heraussuchen.

Während dieser Stillarbeitsphase war es sehr ruhig im Klassenraum, dies lag sicher auch an der Aufgabenstellung, die die Kommunikation der SuS untereinander wenig förderte. Nachdem nun alle SuS die Aufgabe beendigt hatten, wurden die Ergebnisse der SuS im Klassengespräch besprochen und an der Tafel festgehalten. Nachdem Frau M. weitere Hinweise zu möglichen Fragestellungen im Abitur gegeben hatte beendete sie die Stunde.

Mir persönlich fiel bei den SuS auf, dass sie viele Rückfragen bezüglich des Abiturs stellten. Ich merkte, dass sie sehr nervös waren, vor allem da eine mündliche Prüfung eine ziemlich ungewohnte Situation für die SuS ist. Ich persönlich konnte mit den SuS sehr gut mitfühlen. Ich selber habe erst vor 2 Jahren ebenfalls in Religion meine mündliche Abiturprüfung abgelegt und war davor auch sehr nervös.

Weiterhin fand ich persönlich den Umgang von Frau M. mit dieser Nervosität und den Ängsten der SuS sehr gut, da sie versuchte ihnen diese Ängste zu nehmen. Sie erklärte, dass die SuS auch mal etwas Falsches sagen könnten und dass sie sich nicht so verrückt machen müssten. Ich hatte auch das Gefühl, dass es den SuS damit besser ging, zumal Frau M. ja auch die Prüferin sein würde.

## 4. Unterrichtsbeobachtungen

Im Folgenden werde ich 6 Doppelstunden näher im Hinblick auf meine Beobachtungsschwerpunkte Wahl der Sozialformen sowie den Einsatz von Medien näher beschreiben und mithilfe von Fachliteratur erläutern und analysieren.

### 4.1 Erste Beobachtungsstunde

Meinen Besuch in einer 9. Klasse in einer Deutschstunde fand ich hinsichtlich des Einsatzes von Methoden bzw. der Wahl der Sozialformen sehr interessant und möchte dies im Folgenden detaillierter beschreiben.

Frau K., die ich begleiten durfte, wollte in dieser Doppelstunde mithilfe von Stationenlernen einige Rechtschreibregeln einüben lassen. Stationenlernen meint, dass die SuS selbstständig an verschiedenen Lernstationen jeweilige Aufgaben bearbeiten.[7] In diesem Fall war die Reihenfolge der Bearbeitung egal. Durch das Stationenlernen werden Selbststeuerung und die Selbstverantwortung der SuS gefördert, auch wird die Art des Lernens und das Lerntempo jedes einzelnen berücksichtigt. Die SuS können selbst entscheiden, wie lange sie für eine Aufgabe brauchen.[8] Zuerst begann Frau K. den Unterricht aber mit einer kurzen Begrüßung sowie der Erläuterung des Ablaufs der folgenden Stunde. Dies lief im Klassengespräch ab, die SuS konnten Fragen zum Ablauf der Stunde stellen. Nachdem Frau K. nun das Stationenlernen erklärt hatte, bildeten die SuS Gruppentische. Frau K. verteilte nun die verschiedenen Aufgaben auf die Gruppentische. Das Stationenlernen begann. Frau K. hatte ursprünglich geplant, dass die SuS nach beendeter Aufgabe einzeln an die nächste Station gehen, um die nächste Aufgabe zu bearbeiten. Dies lief aber nicht so ab. Die SuS fanden sich in Gruppen an den jeweiligen Stationen zusammen, und wanderten auch nur in diesen Gruppen von einer Station zur nächsten. Einige Gruppen blieben sogar an ihrer

---

[7] Vgl.: Brenner, Gerd; Brenner, Kira: Fundgrube. Methoden I für alle Fächer. Cornelsen Scriptor. Berlin 2010. S. 35
[8] Vgl.: Ebd.

ursprünglichen Station sitzen und holten sich die Aufgaben von den anderen Stationen. Dadurch gingen einige Aspekte und Vorteile des Stationenlernens, wie zum Beispiel die räumliche Vorstellung des „Lernfortschritts" leider verloren.[9] Positiv fiel mir auf, dass einige SuS, die die Aufgaben langsamer bearbeiteten als andere SuS durch das Stationenlernen die Möglichkeit hatten, ihre Aufgaben in ihrem Tempo ohne Druck durch die Lehrperson oder die anderen SuS bearbeiteten konnten. Meiner Ansicht nach ein großer Vorteil des Stationenlernens.

Da das Stationenlernen eine sehr zeitaufwendige Methode ist, nahm es fast die gesamte Doppelstunde in Anspruch. Nachdem Frau K. nun das Stationenlernen beendet hatte wurden die Ergebnisse im Klassengespräch zusammengetragen. Danach beendete Frau K. die Stunde.

## 4.2 Zweite Beobachtungsstunde

In einer Deutschstunde von Frau Z. in einer Klasse fiel mir die große Variation an Sozialformen auf, die ich im Folgenden näher beschreiben möchte. Nach der Begrüßung durch Frau Z. wurden Textstellen aus der aktuellen Lektüre, die in der vorherigen Stunde analysiert wurden, noch einmal laut vorgelesen. Danach sollten die SuS in Partnerarbeit eine Aufgabe zu diesen Textstellen bearbeiten. Hierbei fiel mir auf, dass Frau Z. genaue Zeitangaben machte, dies empfehlen auch Gerd und Kira Brenner.[10] Vorteil der Partnerarbeit ist der geringe organisatorische Aufwand. Da in diesem Fall die Sitznachbarn zusammen arbeiteten, konnte die Arbeitsphase sehr schnell beginnen. Durch die Partnerarbeit können sich die Lernpartner „wechselseitig Rückmeldung zu ihrem aktuellen Lernstand geben und korrigierend bzw. ergänzend in aktuelle Arbeitsprozesse des Partners eingreifen."[11]

Direkt an die Partnerarbeit wurde eine Einzelarbeit angeschlossen, hier sollten die SuS zu besagten Textstellen einen Text schreiben.

Einzelarbeit ist „immer dann angemessen, wenn es um die Sicherung des sog. Minimalwissens- und könnens geht, über welches jeder Schüler für nachfolgende Lernaufgaben verfügen muss".[12] In diesem Falle dient die Einzelarbeit der

---

[9] Vgl.: Ebd.

[10] Vgl.: Brenner, Gerd; Brenner, Kira: Fundgrube. Methoden I für alle Fächer. Cornelsen Scriptor. Berlin 2010. S. 45

[11] In: Brenner, Gerd; Brenner, Kira: Fundgrube. Methoden I für alle Fächer. Cornelsen Scriptor. Berlin 2010. S. 45

[12] In: Homberger, Dietrich: Lexikon Schulpraxis. Theorie- und Handlungswissen für Ausbildung und Unterricht. Schneider Verlag- Baltmannsweiler 2003. S.73

Anwendung des in der Partnerarbeit erarbeiteten. Die Einzelarbeit erfüllt also die „Funktion der Festigung und Vertiefung der im Unterricht gewonnenen Erkenntnisse."[13]

Durch den individuellen Lernprozess der Einzelarbeit kam es in diesem speziellen Fall zu sehr individuellen Ergebnissen in Textform. Aus diesem Grund fragte Frau Z. nach Beendigung der Arbeitsphase nach den Empfindungen und Erfahrungen, die die SuS während der Einzelarbeit gemacht haben. Dieses Gespräch fand im Plenum statt. Danach beende Frau Z. die Stunde.

## 4.3 Dritte Beobachtungsstunde

Auch in dieser Stunde begleitete ich Frau Z. in die 8. Klasse um mir ihren Deutschunterricht anzuschauen. Dies hatte auch den Grund, dass Frau einen sehr vielfältigen Unterricht gestaltet, den ich sehr interessant fand.

In dieser Stunde fand vor allem Gruppenarbeit statt. Die SuS sollten sich in Gruppen á Personen zusammenfinden und in Gruppen eine Aufgabe zur aktuellen Lektüre bearbeiten. Die Ergebnisse sollten auf Over-Head-Projektor Folien festgehalten werden. Da es sich bei dieser Stunde nur um eine 45 minütige Stunde handelte, überdauerte die Gruppenarbeit die gesamte Unterrichtszeit, so dass die Gruppenarbeit mit dem Stundenende beendet wurde.

Vorteile von Gruppenarbeit gibt es viele. Gruppenarbeit kann in allen Klassenstufen und Unterrichtsfächern eingesetzt werden.[14] Zum einen werden Lerninhalte, die gemeinsam erarbeitet wurden, besser verstanden und es bleibt besser haften. Weiterhin bietet eine Gruppe einen größeren Erfahrungsschatz und auch die Kommunikation kann intensiver geübt werden.[15] Des Weiteren fördert die Gruppenarbeit die Selbstständigkeit und individuelle Lernfähigkeit der SuS.[16] Gerd und Kira Brenner ergänzen noch, dass Gruppenarbeit die soziale Kompetenz der SuS stärker als im Frontalunterricht fördert. Auch werden Selbststeuerung, Entscheidungsfähigkeit und Kooperationsfähigkeit gefordert.[17] Nachteil der

---

[13] In: Ebd. S.73
[14] Vgl.: Homberger, Dietrich: Lexikon Schulpraxis. Theorie- und Handlungswissen für Ausbildung und Unterricht. Schneider Verlag- Baltmannsweiler 2003. S.135
[15] Vgl.: Handke, Ulrike: Mehr Erfolg im Unterricht. Ausgewählte Methoden, die Schüler motivieren. Cornelsen Scriptor. Berlin. 2008. S.122.
[16] Vgl.: Homberger, Dietrich: Lexikon Schulpraxis. Theorie- und Handlungswissen für Ausbildung und Unterricht. Schneider Verlag- Baltmannsweiler 2003. S.135
[17] Vgl.: Brenner, Gerd; Brenner, Kira: Fundgrube. Methoden I für alle Fächer. Cornelsen Scriptor. Berlin 2010. S. 42

Gruppenarbeit sind die hohen Anforderungen, die die Methode an die Lehrperson und die SuS stellt. Ein weiteres Problem stellt sich im Beurteilen der Gruppenarbeit, da die Anteile der einzelnen Mitglieder nicht immer deutlich erkennbar sind.[18]

## 4.4 Vierte Beobachtungsstunde

Um mir den Deutschunterricht der 11.Klasse anzuschauen, begleitete ich Herrn S. in einen Deutschkurs. Hierbei konnte ich auch sehr gut den Medieneinsatz beobachten. Hauptmedium, sofern es als Medium bezeichnet wird, in dieser Unterrichtsstunde war das Schülerbuch „Texte, Themen und Strukturen" von Cordula Grunow, Heinz Gierlich, Margret Fingerhut, Karlheinz Fingerhut und anderen.

Nachdem die zwei Gedicht „Fang" von Ulla Hahn und „Die Gedichte" von Günther Kurert im Plenum gelesen und besprochen wurde, nutzte Herr Schmidt die Tafel um die Ergebnisse der SuS festzuhalten. Dadurch wurden die Ergebnisse visualisiert. Dies ist ein großer Vorteil der Tafel.

Zum Ende der Stunde hin, sollten die SuS ein Bild von Rene Magritte betrachten und dazu selbst ein Gedicht schreiben. Mit dieser Aufgabe schloss Herr S. die Stunde.

Das Bild bietet sich als Medium im Deutschunterricht sehr gut an. Bilder wirken „ganzheitlich, emotional und auch motivierend durch ihre visuelle Attraktivität und den direkten Bezug, den sie zum Dargestellten herstellen.[19]

In jedem Fall dienen Bilder der Veranschaulichung, in diesem speziellen Fall sollen das Bild aber vor allem Emotionen sowie die Phantasie der SuS anregen.

Generell lässt sich zum Medieneinsatz sagen, dass Medien Lernprozesse in jedem Fall unterstützen.[20] Medien „unterstützen die Lehrer beim Vortragen, Erklären, Erläutern, Veranschaulichen usw."[21]

## 4.5 Fünfte Beobachtungsstunde

Das Medium, das wie ich feststellen konnte, am meisten im Unterricht eingesetzt wird, ist neben der Tafel der Over-Head-Projektor, bzw. die dafür nutzbaren Over-Head-Projektor Folien.[22]

---

[18] Vgl.: Homberg, Dietrich: Lexikon Schulpraxis. Theorie- und Handlungswissen für Ausbildung und Unterricht. Schneider Verlag- Baltmannsweiler 2003. S.135
[19] Vgl.: Ebd. S. 55
[20] Vgl.: Maier, Wolfgang: Grundkurs Medienpädagogik Mediendidaktik. Ein Studien- und Arbeitsbuch. Beltz Verlag. Weinheim und Basel. 1998. S. 188
[21] Vgl.: Ebd. S.24
[22] Im Folgenden wird Over-Head-Projektor der einfacheren Lesbarkeit mit OHP abgekürzt.

Vorteile des OHP sind, dass er in nahezu allen Bildungseinrichtungen vorhanden ist und sich mithilfe der Folien nahezu alles abbilden lässt. Zudem ist er leicht bedienbar und auch die OHP-Folien sind leicht zu erstellen. Durch die Möglichkeit, Tafelbilder so schon vorher zu erstellen, kann Unterrichtszeit eingespart werden.[23]

Auch Herr K. kennt diese Vorteile, wie ich in seinem Deutschunterricht in der 6. Klasse feststellen konnte. Hier schrieb er mit seinen SuS ein Übungsdiktat. Dies sollte daraufhin von den Sitznachbarn der SuS korrigiert werden. Dazu legte Herr K. den Lösungstext in Form einer OHP-Folie auf den Projektor. Nachdem nun die SuS die Diktate korrigiert hatten, konnte Herr K. mithilfe der Folie einige Fehlerquellen im Plenum besprechen, und am Text selbst zeigen. Hätte jeder SuS den Text vor sich gehabt, hätte passieren können, dass die Aufmerksamkeit nicht so gebündelt wäre, wie ohne Arbeitsblatt. Durch die Lösung auf einer OHP-Folie war die gesamte Aufmerksamkeit auf eben diese gerichtet und es war garantiert, dass alle SuS zuhörten. Für mich ein deutlicher Vorteil des Over-Head Projektors.

## 5. Planung einer Unterrichtsstunde

### 5.1 Auswahl und Begründung des Themas

Frau Z. bot mir an, in ihrer 8. Klasse einmal eine Doppelstunde in Deutsch zu unterrichten, um eigene Erfahrungen sammeln zu können.

Da die SuS zu der Zeit das Buch „Löcher" von Louis Sachar behandelten, würde ich meine Stunde auch um dieses Buch drehen. In der Geschichte gibt es aber noch eine Vorgeschichte, die an dem See Green Lake vor 120 Jahren spielt. Diese Vorgeschichte, so besprach ich es mit Frau Z., sollte Thema meiner Stunde sein. Hierbei sollte ich schwerpunktmäßig die einzelnen Charaktere sowie deren Beziehungen untereinander behandeln, auch da die SuS in der darauf folgenden Woche eine Klassenarbeit zum Thema Charakterisierung schreiben sollten.

Da ich selber das Buch bereits vor einigen Jahren gelesen hatte, freute ich mich sehr, dieses Buch mit den SuS behandeln zu können. Die Vorgeschichte, die ich behandeln sollte, fand ich ebenfalls sehr interessant und ich war der Ansicht, dass ich sie gut mit den SuS bearbeiten können würde.

Meine Unterrichtsplanung liegt dem „Handlungsorientierten Unterricht" nach Tulodziecki zu Grunde.

---

[23] Vgl.:: Maier, Wolfgang: Grundkurs Medienpädagogik Mediendidaktik. Ein Studien- und Arbeitsbuch. Beltz Verlag. Weinheim und Basel. 1998. S. 58

## 5.2 Lernziele

Im Verlauf meiner zu unterrichtenden Doppelstunde sollen die SuS in vorgegebenen Textstellen einige Merkmale und Informationen über die einzelnen Charaktere der Vorgeschichte raussuchen. Die SuS sollen lernen, einen Text so zu lesen, dass sie bestimmte Informationen herausfiltern können. Weiterhin sollen sie die verschiedenen Charaktere in Verbindung setzen und die Beziehungen der Charaktere verdeutlichen. Abschließend sollen die Beziehungen durch die SuS gedeutet werden.

An sozialen Fähigkeiten soll die Teamfähigkeit und der gegenseitige Respekt der SuS untereinander gefördert werden.

## 5.3 Wahl der Methoden

Während der Doppelstunde werden die SuS viel in Gruppen arbeiten. Weiterhin werden Plenumsgespräche sowie Diskussionen stattfinden. Als konkrete Methode wählte ich das Gruppenpuzzle um sicherzustellen, dass jeder Schüler/jede Schülerin aktiv mitarbeitet und die Informationen aufnimmt.[24]

## 5.4 Medieneinsatz

Neben der Tafel werden das Buch „Löcher" von Louis Sachar sowie einige Kopien mit Arbeitsaufträgen zur Verwendung kommen. Weiterhin nutze ich farbige Lose, um die Gruppen einzuteilen.

---

[24] Vgl.: Brenner, Gerd; Brenner, Kira: Fundgrube. Methoden für alle Fächer. 3. Auflage. Cornelsen Verlag. Berlin. 2010. S.44.

## 5.5 Strukturierung und Durchführung der Unterrichtsstunde

| Unterrichtsphase | Lernaktivitäten/ Lehrerhandlung | Sozialform | Medien | Zeit |
|---|---|---|---|---|
| Begrüßung und Anwesenheits- kontrolle | | | | 4 Min. |
| Einstiegsphase | Erläuterung des Vorgehens in der Stunde sowie der inhaltlichen Aspekte und des Ablaufs | Frontalunterricht | | 5 Min. |
| Erste Arbeitsphase | Erläuterung der Aufgaben; Einteilung in Gruppen per Los; Gruppen setzen sich ihren Nummern entsprechend zusammen | Frontalunterricht | Tafel, Lose | 4 Min. |
| | Gruppen erarbeiten aus Textstellen Merkmale von jeweils einem der Charaktere | Kleingruppenarbeit (5 Gruppen á 6 Personen) | Buch „Löcher" von Louis Sachar | 20 Min. |
| | Beendigung der ersten Arbeitsphase | Frontalunterricht | | 2 Min. |
| Zweite Arbeitsphase | Erläuterung der neuen Aufgaben. Umgestaltung der Gruppen. SuS setzen sich nun ihren Losfarben | Frontalunterricht | Tafel, Lose | 4 Min. |

| | | | | |
|---|---|---|---|---|
| | entsprechend zusammen. | | | |
| | Gruppen erarbeiten die Beziehungen der verschiedenen Charaktere untereinander. Jedes Gruppenmitglied vertritt hierbei einen Charakter | Arbeit in Kleingruppen (5 Gruppen á 6 Personen) | | 15 Min. |
| | Beendigung der Arbeitsphase. Erläuterung des weiteren Vorgehens | Frontalunterricht | | 2 Min. |
| Ergebnissicherung | Vorstellen der Ergebnisse durch die einzelnen Gruppen. Festhalten der Ergebnisse an der Tafel | Plenumsgespräch | Tafel | 15 Min. |
| Abschlussdiskussion | Betrachten der an der Tafel festgehaltenen Ergebnisse und Deutung dieser Ergebnisse | Plenumsgespräch | Tafel | 17 Min. |
| Beendigung der Stunde | Verabschiedung | Frontalunterricht | | 2 Min. |

## 5.6 Reflexion der Unterrichtsstunde

Zum Verlauf der Unterrichtsstunde ist anzumerken, dass alles planmäßig verlief und ich mit der mir gegeben Zeit gut klar kam. Die SuS arbeiteten gut mit und erschienen mir sehr motiviert. Meine eigene, anfängliche Nervosität legte sich schnell bereits kurz nach Beginn der Stunde.

Zwar waren die SuS anfangs etwas lauter und versuchten auch zwischendurch öfter mal ihre Grenzen auszutesten, doch ich schaffte es, relativ schnell wieder Ruhe in die Klasse zu bringen, was mir auch Frau Z. im anschließenden Gespräch bestätigte. Problematisch im Ablauf der Stunde war, dass die Gruppen unterschiedlich lange und ausführliche Textstellen hatten. Mit dem Problem, dass dadurch einige Gruppen schneller sein könnten als andere, hatte ich zwar gerechnet, mit aber keine Alternative überlegt. Glücklicherweise brauchte ich diese auch nicht, da die Gruppe, die sehr schnell fertig war, sich sehr ruhig verhielt und so die anderen Gruppen nicht störte.

Während der Ergebnissicherung musste ich spontan umstrukturieren, da es etwas ungünstig war, dass sich die gesamte Gruppe vor die Tafel stellte um ihr Ergebnis vorzutragen. Dadurch war das Tafelbild für die Klasse nicht mehr sichtbar. Nachdem die zweite Gruppe vorgetragen hatte, überlegte ich mir, nur einen Schüler/eine Schülerin nach vorne kommen zu lassen, um die Ergebnisse der Gruppe vortragen zu lassen. Die restlichen Gruppenmitglieder sollten eventuell noch ergänzen. Dies klappte auch sehr gut und auch Frau Z. fand meine spontane Umstrukturierung sehr gut.

Während der Abschlussdiskussion, die mir vorher am meisten Sorgen bereitet hatte, beteiligten sich einige Schüler und Schülerinnen. Ich war wegen dieses Teils nervös, da er am wenigstens planbar und vorhersehbar war. Ich wusste nicht, wie souverän ich mit den Antworten der SuS umgehen konnte, und in wie weit die SuS mitmachen würden. Für den Fall der zu geringen Beteiligung hatte ich mir schon überlegt, die SuS noch einmal kurz in Partnerarbeit diskutieren zu lassen. Dazu kam es aber nicht, da die SuS sich begeistert beteiligten. Weiterhin hatten sie viele interessante und wichtige Aspekte zu nennen, sodass sie fast von allein zu aufschlussreichen Ergebnissen kamen.

Für mich persönlich war diese Stunde sehr spannend aber auch aufschlussreich, da ich feststellen konnte, dass der Beruf der Lehrerin mein Traumberuf ist und er mir sehr viel Spaß machen wird.

# 6. Abschließende Reflexion des Orientierungspraktikums

Durch mein vierwöchiges Praktikum konnte ich einen sehr guten Einblick in den Beruf des Lehrers bekommen.

Meine anfänglichen Ängste und Befürchtungen haben sich hier glücklicherweise nicht bestätigt. Ich habe vor allem positive Erfahrungen gemacht.

Weiterhin hat sich für mich persönlich bestätigt, dass sowohl meine Berufswahl als auch meine Fächerkombination meinen Erwartungen entsprechen und ich für mich feststellen konnte, dass es das richtige ist. Vor allem das Gestalten und Durchführen meiner eigener Unterrichtsstunde hat mir hier bei viel Freude bereitet und mich sehr bestätigt.

Alles in allem nehme ich viel neues, vor allem Positives aus meinem Praktikum mit.

# 7. Anhang

## 7.1 Literaturverzeichnis

Brenner, Gerd. Brenner, Kira: Fundgrube. Methoden I für alle Fächer. 3. Auflage. Cornelsen Verlag Scriptor. Berlin 2010.

Handke, Ulrike: Mehr Erfolg im Unterricht. Ausgewählte Methoden, die Schüler motivieren. Cornelsen Verlag Scriptor. Berlin 2008.

Homberger, Dietrich: Lexikon Schulpraxis. Theorie- und Handlungswissen für Ausbildung und Unterricht. Schneider Verlag. Hohengehren 2003.

Maier, Wolfgang: Grundkurs Medienpädagogik Mediendidaktik. Ein Studien und Arbeitsbuch. Beltz Verlag. Weinheim und Basel 1998.

## 7.2 Internetquellen

http://www.XXX-gymnasium.de